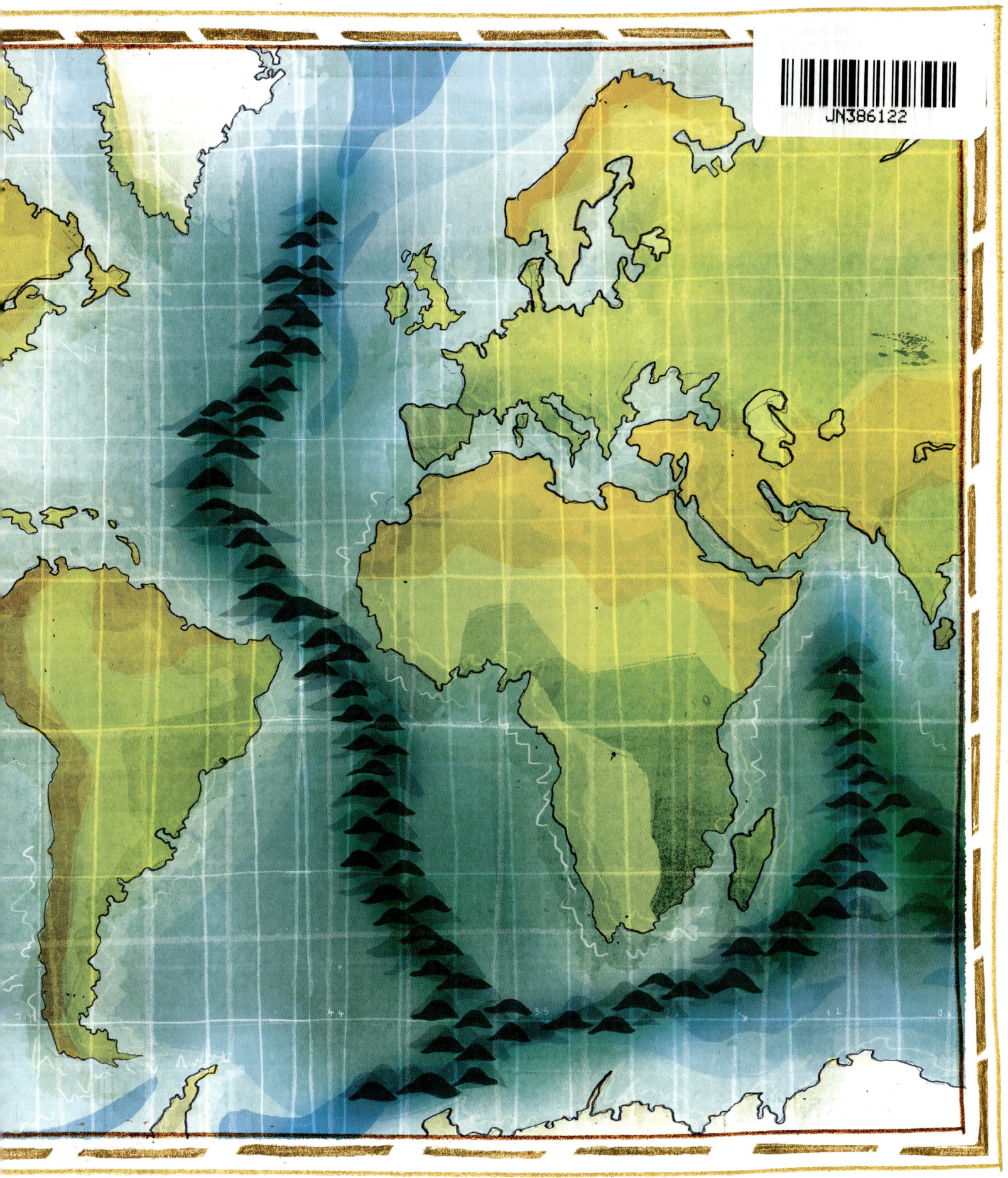

호기심과 모험심이 가득한 모든 탐험가들에게,
여러분이 세상 곳곳을 탐험하는 모습을 얼른 보고 싶군. -제스 키팅

내 할아버지 알렌에게,
물고기, 조개, 그리고 앙증맞고 귀여운 조개껍데기를 보여 주어서 고마워요. -케이티 히키

OCEAN SPEAKS
Text © 2020 by Jess Keating
Illustrations © 2020 by Katie Hickey
Published by arrangement with Tundra Books, a division of Penguin Random House Canada Limited.

이 책의 한국어판 저작권은 EYA(Eric Yang Agency)를 통한
Intercontinental Literacy Agency Ltd.사와의 독점계약으로 도토리숲이 소유합니다.
저작권법에 따라 한국 내에서 보호를 받는 저작물이므로 무단전재 및 복제를 금합니다.

도토리숲 과학 그림책 02

마리 타프
대륙 이동설의 비밀을 푼 여성 과학자

초판 1쇄 펴낸 날 | 2022년 7월 8일   **초판 2쇄 펴낸 날** | 2023년 6월 8일

글쓴이 제스 키팅 | **그린이** 케이티 히키 | **옮긴이** 김선희 | **감수한 이** 신현정
펴낸이 권인수 | **펴낸 곳** 도토리숲

출판등록 2012년 1월 25일(제313-2012-151호)
주소 서울 마포구 월드컵북로 207, 302호(성산동 157-3)
전화 070-8879-5026 | **팩스** 02-337-5026
인스타그램 @acorn_forest_book | **블로그** http://dotoribook.blog.me
기획 권병재 | **편집** 김윤정 | **디자인** 새와나무

ISBN 979-11-85934-83-9 74450
ISBN 979-11-85934-37-2 (세트)

제조자명 도토리숲 / **제조국명** 대한민국 / **사용연령** 7세 이상

*이 책에 실린 내용을 이용하시려면 반드시 저작권자와 도토리숲의 동의를 받아야 합니다.
*책값은 뒤표지에 있습니다.
*잘못 만든 책은 구입하신 서점에서 바꾸어 드립니다.

마리 타프

대륙 이동설의 비밀을 푼
여성 과학자

제스 키팅 글·케이티 히키 그림

김선희 옮김·신현정 감수

도토리숲

바닷가에 보드랍고 매끄러운 모래가 이불처럼 깔려 있어요.
마리는 발바닥으로 곧장 느껴 보고 싶었어요.
신발을 벗고, 양말도 벗어요.
마리 앞에 드넓고 푸르른 바다가 마치 거대한 수수께끼처럼
쭉 펼쳐져 있어요.

파도가 마리에게 말을 걸고 있어요.
발가락 위로 스치듯 올라왔다가 저만치 쓱 물러가면서요.

마리는 아빠와 같이 시골에 가서 보물찾기 하는 걸 좋아했어요.
숲과 농삿집, 반들반들한 바위와 새소리, 들판과 폭포를 살펴보곤 했지요.
마리는 호기심이 점점 커져서, 이 세상을 모두 다 탐험해 보고 싶었어요.

때가 되면, 마리는 지질학자 아빠처럼 지구 표면을 공부하고 싶었어요. 바위와 나무, 흙과 산, 햇빛과 신선한 공기에 둘러싸여 있고 싶었거든요.
하지만 그런 건 남자아이들이 하는 일이었어요.
마리가 자랄 때 여자는 과학자라든가 탐험가가 되는 꿈을 꿀 수가 없었어요.

마리는 미술 수업을 들어야 했어요.
마리는 공책에 사물을 스케치했어요.
멋진 옷과 모양, 디자인도 배웠어요.
이윽고 자신의 작품을 이어 붙였어요.

마리는 미술 수업을 오랫동안 듣지는 못했어요.

곧 많은 남자들이 전쟁터로 떠나야 했어요.
남자들이 떠나가자, 여자들이 과학을 배우게 되었어요.
마리는 기회를 잡았어요. 마리는 지질학, 수학, 화학, 물리학을 공부했어요.
탐구할 게 매우 많았어요!
마리는 정동*과 기하학*, 방정식*과 원소*, 원자*와 반물질* 같은 것들도
새로이 알게 되었어요.

뉴욕에 있는 한 실험실에서 처음으로 일하게 되었을 때, 마리는 정말 뿌듯했어요.
남자 동료들은 전쟁터에서 돌아와, 바다로 연구하러 떠나게 되었어요.
마리도 가고 싶었지요.

남자 동료들은 대서양을 항해하며 초음파*를 사용해 바다 밑바닥, 해저를 탐험했어요.
살갗에 닿는 태양을, 머리카락에 묻은 소금기를 느끼며 일했어요.
그때는 여자가 배를 타면 안 좋은 일이 일어난다고 믿었어요.
마리는 동료들과 함께할 수 없어서, 그냥 남아 있어야만 했어요.

바다의 깊이를 측정한 자료로 가득한 상자가 사무실에 계속 밀어닥쳤어요.
마리는 그 자료를 바탕으로, 모든 지점을 종이에 표시하면서 해저 지도를 그렸어요.
마리는 이 많은 상자 속에 바다의 비밀이 들어 있다는 걸 알았어요.
그렇게 일을 시작했지요.

마리의 손끝은 잉크로 뒤범벅이었어요.
지우개똥이 바닥으로 떨어졌어요.
책상 위 램프가 옆에서 윙윙거렸어요.
마리는 자신의 꿈을 좇는 또 다른 방법을 알아냈어요.
어쨌거나 해저 지도 덕분에 바다를 탐험할 수 있었거든요.

드넓게 펼쳐진 바다 대신에,
마리는 아주 작고 비좁은 사무실에 풍덩 빠졌어요.

파도를 헤치는 대신에,
부드러운 종이 물결 사이로 항해했어요.

구름 대신에, 연산*하는 꿈을 꾸었어요.

어둡고 신비로운 깊은 바다 대신에,
까만 잉크병 사이로 헤엄쳤어요.

마리는 지점을 계속 표시해 나가면서 지도를 그렸어요.
작은 사무실 안에서 마리의 지도는 점점 커졌어요.

더욱더 커졌지요.

곧 마리는 사무실에서 벗어났어요.
골짜기와 봉우리, 산과 계곡, 언덕과 구덩이로 둘러싸인
해저를 탐험했지요.

몇 주 지나 마리는 지도를 살펴보았어요. 뭔가 이상했어요.
대서양 밑바닥에 깊이 갈라진 틈, 열곡*이 있었어요.
아주 긴 틈 양쪽에는 엄청나게 큰 산봉우리가 솟아 있었고요.

바다가 마리에게 다시 말을 걸고 있어요. 무엇을 알려 주려는 걸까요?

마리는 동료에게 지도를 보여 주었어요. 동료는 고함을 치며 화를 냈어요.
실수가 틀림없다며, 시답잖은 여자의 하찮은 얘기라고 무시했죠.
동료는 마리에게 다시 하라고 했어요.
마리는 지도가 정확하다는 걸 알기에, 이를 증명하려고 했어요.

마리는 한 번 더 종이 바다에 풍덩 뛰어들었어요.
또다시, 엄청난 크기의 열곡이 나타났어요.
야구공의 이음매처럼, 열곡은 해저에서 지구를 빙 돌았어요.
지각*이 움직여 이동한 것 같았지요.

증거를 보여 주어도 아무도 마리의 발견을 믿지 않았어요.
프랑스 탐험가 자크 쿠스토*는 마리가 틀렸다는 걸
증명하기로 했어요.
자크는 카메라를 바닷속 아주 깊숙한 곳으로 내려보냈어요.
카메라가 열곡이 보이지 않는, 텅 빈 해저를 담아 오리라
예상했지요.

하지만 자크가 틀렸어요.

마리의 지도는 바다의 커다란 비밀을 밝혀냈어요.
바다에도 땅에 있는 계곡처럼 열곡이 진짜로 있었어요.
파도 아래, 엄청나게 깊은 바다 밑에 산맥이 숨어 있었어요.
마리가 지구에서 가장 커다란 산맥을 발견한 거예요.

마리의 지도는 유명해졌어요. 이 지도 덕분에 과학자들은 궁금증이 생겼어요.
어떻게 해저가 이런 모양으로 움직였을까요? 여전히 움직이는 걸까요?
숨겨진 깊숙한 곳을 연구하면, 또 다른 진실을 알게 될까요?
마리의 지도가 우리 행성을 더 잘 이해하도록 문을 열어 주었어요.

다음에 바다에 갔을 때, 마리는 주위에서 들려오는 소리에
귀를 기울였어요.
살갗에 닿는 태양과 머리카락에 묻은 소금기를 느끼며,
활짝 웃었답니다.

저자의 말

마리 타프(Marie Tharp, 1920~2006)는 미국의 지질학자이자 해저 지도 제작자예요. 암석과 지구 과학은 물론 해저에 대한 다양한 지식이 있었기에, 마리는 이렇게 멋진 일을 해낼 수 있었어요. 마리의 지도는 지구에서 가장 큰 열곡을 그렸을 뿐만 아니라, 지질학의 역사에도 큰 획을 그었어요. 우리가 이것을 이해하려면 탐험가가 되어 역사의 바닷속에 풍덩 빠져야 해요.

약 3억 년 전, 지구는 지금처럼 일곱 개의 대륙으로 이루어져 있지 않았어요. 커다란 하나의 '초대륙'이었고, 이것을 '판게아'라고 해요. 그런데 왜 일곱 개가 되었을까요? 오늘날 과학자들은 대륙이 모두 거대한 암석 판 위에 얹혀 있다고 믿어요. 이 판은 항상 움직이고 서로 영향을 주고받으며 들썩이지요. 이걸 '판 구조론'*이라고 해요.

하지만 마리가 활동하기 전에는 이 개념이 알려지지 않았어요. 몇몇 과학자가 대륙이 서로 붙어 있었다고 믿었지만, 대륙이 어떻게 이동했는지 설명하지는 못했어요. 1912년, 알프레드 베게너(Alfred Wegener)*가 대륙들이 거대한 하나의 덩어리였다가 갈라졌다고 처음 주장했어요. 이 이론은 '대륙 이동설'로, 몇 가지 증거는 찾았지만 어떻게 움직였는지 설명할 수는 없었어요. 결국 알프레드는 몹쓸 조롱과 공격까지 받았지요. 그래서 과학계에서는 대륙 이동설에 대하여 말하는 걸 꺼리게 되었어요.

마리가 세상에 해저 지도를 내놓은 1957년에도 마찬가지였어요. 하지만 마리의 지도는 대륙 이동설을 뒷받침하는 것처럼 보였어요. 마리는 다시 조사하라는 말을 듣자 그렇게 했어요. 그 열곡이 다시 나타났어요. 땅이 움직였고, 양쪽에 산으로 둘러싸인 거대한 흔적을 남긴 채 갈라진 것처럼 보였어요. 마리와 동료들은 지도에 표시한 열곡과 산맥이 6만 5,000km에 걸친 커다란 수중 산맥 시스템의 일부임을 알아냈어요. 본문에 나온 야구공 모양 지구 그림에 주요 해령들이 표시되어 있어요. 단, 당시에 마리는 대서양 중앙 해령* 지도만 그렸어요.

마리는 진실을 지도에 담아냈어요. 마리가 자신의 작업을 믿고 당당히 나섰을 때, 사람들은 의심했어요. 동료이자 친구, 브루스 히진(Bruce Heezen)이 마리를 대신해 지도를 제출했어요. 다른 과학자들이 마리의 지도를 받아들이기까지 몇 년이 걸렸어요. 하지만 그 사실을 인정하고 나자 사람들은 어떻게 대륙이 시간에 따라 이동할 수 있었는지 한 번 더 조사하기 시작했어요. 판 구조론의 발견이 한 걸음 더 나아간 거였죠.

대륙은 오늘날에도 계속 움직여요. 마리의 지도는 우리가 지구를 이해하는 데에 결정적이지만 미처 보지 못했던 열쇠로 여전히 남아 있고요. 1997년, 마리의 지도는 루이스와 클라크의 탐험 일지*, 그리고 미국 독립 선언 초안 원본과 함께 미국 의회 도서관에 전시되었어요. 마리는 20세기 가장 위대한 네 명의 지도 제작자 중 한 사람으로도 뽑혔답니다.

마리는 평생 눈에 띄지 않는 뒤에서 일했어요. 하지만 마리가 너무나 아름답게 그려낸 움직이는 땅처럼, 그늘에 있는 것들이 세상에 엄청나게 강력한 영향을 줄 수 있다는 것을 증명했어요. 마리의 유산은 바다 왕국의 거대하고 신비로운 수수께끼를 탐구하는 사람들 마음속에 살아 있답니다.

묻고 답하기

수중 음파 탐지기가 뭐예요? 그것으로 어떻게 해저 지도를 만들 수 있나요?

수중 음파 탐지기는 소리를 사용하여 거리를 측정해요. 변환기를 통해 음파를 물속으로 보내면, 소리의 진동이 바다 밑바닥까지 닿았다가 튕겨 나옵니다. 반사된 음파가 다시 돌아오면, 변환기가 음파를 감지해요. 과학자들은 여러 지역에서 소리가 얼마나 오래 있다가 튕겨 나오는지를 측정해서, 해저의 꼭대기와 계곡의 이미지를 그릴 수 있어요. 음파는 얕은 곳에서는 빨리, 깊은 곳에서는 늦게 돌아오거든요.

마리 타프가 공부하던 때에는 왜 여자들은 과학 분야에서 환영받지 못했나요?

처음 지도를 제출했을 때 마리는 인정받지 못했어요. 몇 년이 지나서야 훌륭한 작업으로 알려졌지요. 역사를 통틀어 여자들이 여러 분야에서 동등하게 대접받지 못한 탓이에요. 때때로 특정한 직업은 남자들만이 얻을 수 있었어요. 남자들이 더 힘이 세고 똑똑하다고 여겨졌기 때문이었죠. 이것은 진실이 아니에요! 오늘날, 여자들은 여전히 일터에서 선입견에 맞서고 있으며, 평등한 권리를 위해 싸우고 있습니다.

대서양 중앙 해령*을 볼 수 있나요?

대서양 중앙 해령은 지구에서 가장 큰 산맥이지만, 주로 2,000m 바다 아래에 깔려 있습니다. 아이슬란드에서는 수면 위로 솟아 있는 이 해령의 작은 부분을 볼 수 있어요. 이 해령 중 일부는 레이캬네스 능선이라고 불려요.

지질학이 뭐예요? 지질학자가 되려면 어떻게 해야 해요?

지질학은 지구를 형성하는 단단한 지면과 지면이 만들어지는 과정을 연구하는 학문입니다. 연구 대상에는 암석, 금속, 석유, 기타 천연자원도 포함돼요. 이런 물질을 연구하면서 지구 역사에 대해 많은 것을 알 수 있지요. 지질학자는 몇 가지 분야를 전문적으로 다뤄요. 화산학, 화석학, 토양학이 모두 지질학의 분야입니다.

지질학자가 되기 위해서는 책을 읽으며 탐험을 시작하면 좋아요! 사서 선생님이나 부모님이 암석, 지구의 역사, 지층의 형성에 관한 책을 찾는 걸 도와줄 거예요. 여러분이 사는 지역을 탐험하면서 발견한 것들을 꾸준히 기록할 수도 있겠네요.

참고 도서

《쉿! 바다의 비밀을 말해 줄게》, 김성화·권수진 글, 김유대 그림, 토토북, 2006.

《지구의 역사》, 유리 카스텔프란치·니코 피트렐리 글, 레오나르도 메치니·지안 파올로 팔레치니 그림, 박영민 옮김, 세용출판, 2009.

《초등학생이 읽는 지질학의 첫걸음》, 프랑스와 미셸 글, 로뱅 그림, 장순근 옮김, 사계절, 2006.

《해변이 정말로 사라지고 있을까?》, 롤랑 파스코프 글, 김성희 옮김, 전효택 감수, 민음인, 2021.

마리 타프의 지도를 자세히 보고 싶으면, 다음 주소로 들어가 보세요. https://www.loc.gov/item/2006629258/

용어 풀이

기하학
도형 및 공간의 성질에 대하여 연구하는 학문으로 수학의 한 분야예요. 기하학은 고대 이집트에서 토지 측량을 위해 도형을 연구하는 데에서 시작됐어요. 일상생활에서 쓰는 물건뿐 아니라 우리가 사는 집, 건축물도 기하학으로 설명할 수 있어요.

대서양 중앙 해령
북극해부터 아이슬란드를 거쳐 대서양 한가운데를 지나 아프리카 남단에서 인도양으로 뻗은 해저 산맥이에요. 총 길이가 1만 6,100km로, 해령 중에서 가장 길어요. 1873년, 챌린저호가 수면에서 해저까지의 깊이를 측정하면서 그 존재가 처음 세상에 알려졌어요.

루비스코(RiBisCO)
식물이 공기 중의 이산화 탄소를 흡수해서 포도당을 만드는 과정을 광합성이라고 해요. 루비스코는 이산화 탄소를 붙잡아 큰 분자와 반응시키는 중요한 역할을 하지요. 식물 세포 속에는 루비스코가 아주 많이 들어있답니다. 루비스코가 없으면 광합성 공장이 멈추거든요.

루이스와 클라크의 탐험 일지
미국 3대 대통령 토머스 제퍼슨이 프랑스에게 사들인 현 미국 북서부 지역의 넓은 땅을 탐험하기 위해 원정대를 만들어 보냈는데, 이 원정대의 리더가 루이스와 클라크예요. 이 탐험은 1804년 5월부터 1806년 9월까지 이어졌고, 그들은 새로 산 땅으로 이어지는 경로를 살피는 동시에 그 지역의 생태계와 지리, 천연자원을 연구했어요. 그 과정 동안의 기록과 그림, 지도가 모두 탐험 일지에 담겨 있습니다.

반물질
자석에 N극과 S극이 있는 것처럼, 물질을 구성하는 모든 입자에도 자신과 반대되는 성질을 가진 반입자가 있어요. 예를 들어, (−)전하를 띤 전자의 반입자는 (+)전하를 띤 양전자고, (+)전하를 띤 양성자의 반입자는 (−)전하를 띤 반양성자예요. 반입자들로 구성된 물질을 반물질이라고 해요. 현재 우주의 대부분은 물질이고, 반물질은 거의 찾아볼 수가 없어요. N극과 S극은 항상 같이 있는데, 왜 반물질은 거의 없는 걸까요? 과학자들은 반물질 연구를 통해 우주가 시작할 때 모습을 더 정확히 알 수 있을 것이라고 기대하고 있어요.

방정식
'□+3=5'처럼 모르는 값을 포함하는 등식이에요. 모르는 값에 따라 참 또는 거짓이 되지요. 네모가 2라면 참이지만, 네모가 4라면 거짓이잖아요. 방정식을 참으로 만드는 네모 값을 찾는 과정을 '방정식을 푼다'라고 표현해요.

알프레드 베게너(Alfred Wegener)
독일의 기상학자이자 지구 물리학자로, 대륙 이동설을 최초로 주장했어요. 알프레드는 약 2억 5,000만 년 전에 모든 대륙이 한 덩어리로 붙어 있었지만, 중생대부터 갈라져 이동하여 오늘날의 해양과 대륙이 되었다고 주장하며 《대륙과 해양의 기원(Die Entstehung der Kontinente und Ozeane)》(1915)을 출간했어요. 하지만 대륙 이동을 일으키는 힘이 어디에서 나오는지에 대해서는 설명하지 못했어요.

연산
수학에서 일정한 법칙에 따라 결과를 내는 조작을 뜻해요. 예를 들어, 사칙연산은 덧셈, 뺄셈, 곱셈, 나눗셈의 네 가지 계산법에 따라 식을 계산하는 것이에요.

열곡
해령 사이에 만들어진 좁고 긴 골짜기예요. 지구 내부에서 뜨거운 마그마가 올라와 해령에서 분출하는데, 이 출구가 바로 열곡이에요. 이 열곡에서 나온 용암은 냉각되면서 새로운 해양 지각을 만들어요.

원소
더 이상 분해가 되지 않는 한 종류의 원자로만 이루어진 물질 혹은 그 물질의 구성 성분을 말해요. 자연에 존재하는 원소의 개수는 92개이며, 원소는 원자핵 안의 양성자 수에 따라 정해져요.

원자
물질을 이루는 기본 단위로, 각 원소가 특성을 잃지 않는 범위에서 도달할 수 있는 가장 작은 입자를 뜻해요. 원자는 한 개의 핵과 그 주변에 있는 전자로 이뤄져요. 자연에 존재하는 원소들 대부분은 원자 상태로 존재하지 않아요. 가장 바깥쪽 전자껍질에 있는 전자의 빈자리가 원자를 불안정하게 만들어서, 다른 원자들과 남아 있는 전자를 주고받거나 서로의 전자를 공유해서 화합물을 만들기 때문이에요.

자크 쿠스토(Jacques-Yves Cousteau)

프랑스의 해양 탐험가, 생태학자, 환경 운동가로, 세계 여러 곳의 해양을 탐험했어요. 1943년, '수중 허파'라는 뜻을 지닌 아쿠아렁(Aqualung)을 개발하여 바닷속 생태계를 마음껏 관찰할 수 있는 길을 연 것으로 유명해요. 해저에 대한 장편 영화를 만들었고, 탐험하며 겪었던 사건을 담은 다큐멘터리 소설《The Silent World》(1950)를 펴냈어요.

정동(晶洞)

암석이나 광맥 따위의 안쪽 빈 공간에 결정(結晶)을 이룬 광물이 빽빽하게 덮여 있는 것을 말해요. 화산 활동으로 만들어지는 화성암은 안에 가스를 품고 있는데요. 이 가스가 암석 안에 갇혀 작은 공간이 생기고, 가스가 빠져나가면서 이산화 규소가 남아 서서히 퇴적하면서 생성된 암석이 정동이에요. 자수정을 예로 들 수 있어요.

지각

지구를 구성하는 가장 바깥 껍질에 해당하는 얇은 층이에요. 아주 뜨거웠던 지구 탄생 초기에 무거운 원소인 철과 니켈은 중심으로 가라앉아 핵을 만들고, 상대적으로 가벼운 규소와 산소가 바깥쪽으로 밀려 나와 지각이 생성되었어요. 크게 대륙 지각과 해양 지각으로 구분하는데, 보통 대륙 지각이 해양 지각보다 약 4배 정도 두꺼워요. 대륙 지각은 대부분 화강암으로, 해양 지각은 현무암으로 이루어져 있지요.

초음파

2만 Hz 이상의 주파수를 가진 소리예요. 주파수가 너무 높아서 우리는 들을 수 없지만, 박쥐나 돌고래는 들을 수 있어요. 병원에 가면 근육과 뱃속을 보거나 치료할 수 있는 초음파 기기가 있어요. 엄마 배 속에 있는 아기도 초음파로 보는 거예요. 안경이나 보석을 초음파 세척기에 넣으면 반짝반짝 깨끗해져요. 초음파는 물속에서 빠르고 멀리 나아갈 수 있기 때문에, 초음파를 발생시킨 후 물고기 떼나 해저 면에서 반사되어 돌아오는 시간을 측정하면 거리를 알아낼 수 있어요.

캘빈 회로

광합성 과정 중에서 이산화 탄소를 포도당으로 합성하는 순환 과정을 부르는 말이에요. 1957년 미국의 생화학자 캘빈(Melvin Ellis Calvin)과 동료들이 함께 발견했어요.

탄소 고정

식물의 광합성 등에 의해 대기 중 탄소가 유기 물질로 바뀌는 과정을 말해요. 탄소 고정은 녹색 식물과 해조류, 광합성 세균, 화학 합성 세균 등에서 일어나요.

판 구조론

지구 표면이 10여 개의 크고 작은 판으로 나누어져 있으며, 이 판들이 계속 움직인다는 이론이에요. 판의 두께는 약 100km인데, 판들이 계속 움직이기 때문에 판과 판의 경계에서 지진과 화산 활동이 활발하게 일어나요. 우리나라는 '유라시아판'에 속해요.

해령

4,000~6,000m 깊이의 바다 밑에 산맥 모양으로 솟은 지형이에요. 대서양, 인도양, 태평양 등 큰 바다에 있지요. 총 길이는 약 8만 km이고, 해령 중심부에는 깊은 골짜기인 열곡이 있답니다. 열곡에서는 화산 활동이 아주 활발하게 일어나요.

환원

산소를 갖고 있던 화합물에서 산소 원자가 빠지거나 어떤 물질이 수소 원자와 결합하는 것을 말해요. 반대로 수소를 갖고 있던 화합물에서 수소가 빠지거나 어떤 물질이 산소 원자와 결합하면 '산화'라고 말하지요.